I0533097

Localhost

Un vistazo a mi esencia

Poemario

Daniela Rivas

Primera edición: Abril 2018
Caracas, Venezuela
Diseño de portada: David Molina
Localhost
Un vistazo a mi esencia
Poemario
Autora: Daniela Rivas

ISBN: 978-980-12-9156-5
Depósito Legal: DC2016001152

Tabla de contenidos

Prólogo

El término Localhost en redes de comunicaciones, en el área de informática, hace referencia al lugar donde se instalan todas aquellas aplicaciones y programas en una computadora de forma local, para luego ser compartidos mediante Internet. Haciendo la analogía con la poesía, se refiere a todo aquellos sentimientos y expresiones provenientes desde lo más profundo del alma, a las cosas más personales que salen desde el corazón de quien las escribe, desde su hogar, desde el núcleo, desde el alma y lo divulga a través de su poesía.

La obra comprende 3 secciones: momentos que es una poesía abstracta, sentimientos en verso, luego está expresiones de amor hacia su entorno más cercano y por último lugares visitados que han dejado una huella en su lírica.

momentos...

A VECES

A veces los amigos se alejan sin querer
a veces los amigos se hieren sin querer
a veces pasan cosas que no deben pasar
a veces te lastiman y no sabes perdonar.

A veces explotan sentimientos
luego vienen los remordimientos
el dolor es intenso,
el momento pasa.

A veces sientes necesidad de expresarte
no sabes cómo hacerlo
la esperanza es grande,
la emoción es mayor.

A veces la soledad no te permite pensar
en la gente que te aprecia y te quiere de verdad.
A veces sientes ganas de decir: TE QUIERO,
no lo dices, simplemente por miedo.

A veces un momento permanece en el recuerdo
a veces un instante te destruye para siempre,

se mete muy adentro y logra lastimar
el corazón de oro de la persona especial.

A veces el camino nos trae dificultades
son muy amargas, crudas sus verdades
hay que superarlas la vida continúa;
nos da el chance de perdonar y olvidar.

recuerda es a veces .... solo a veces

SOLEDAD

La soledad se escribe con las notas del alma,
no sabe llorar ni reír,
pero duele adentro
se dibuja en la noche estrellada
en el día soleado
con colores de tristeza y amargura
en medio de un océano de penas
en medio de un desierto sediento de amor.

No se sabe cómo existe ni cómo llega
la soledad vive de promesas y de recuerdos.

La soledad es arte, es pasión, es locura
porque vivir con soledad y en soledad,
es arte, es pasión, es locura.

Es un universo infinito de posibilidades
de mil maneras de pensar.

Una arena muy fina que con una leve brisa
se levanta y te tapa los ojos
no te deja ver la realidad.

La soledad es eso.... Soledad

VOLVIÓ LA POESÍA A CANTAR

De nuevo entre paredes de mármol
de nuevo la incertidumbre sin saber
¿qué pasará mañana?
si estaré mejor o peor
depresión de ayer, de hoy, de siempre;
que triste, volver a empezar
no estoy preparada para afrontar
una realidad que no quiero aceptar
en medio de un mar de dudas
en un océano de preguntas
¿vida? vida no hay...

En este universo hay un mundo para soñar,
lograr amar de verdad, sin esperar pena y sentir querer
tener una quimera que pronto sea realidad
sin depresión, con mucho amor
correr, vivir, andar, caminar
entre nubes que borren los pasos
de lo que alguna vez fue una existencia
triste, amarga, sola, para olvidar.

Qué difícil es aceptar esta vida

sin saber qué pasará en el futuro
esperando sin esperar nada
sintiendo sin tener que sentir
amando sin tener a quien amar.

En sueños solamente se transforman
en nada cierto, nada capaz
en la arena, en los mares, en las montañas
en regiones abandonadas del corazón,
perdonando errores
cometiendo equivocaciones
esperando que la lluvia se lleve las huellas
remueva historias,
regenere la hierba de la tierra mala
acabe el invierno y brillen los cielos
nazcan nuevas flores que den nuevos frutos
que cambie el reino y vuelvan los pájaros
a entonar su melodía.

Y despierte el sol detrás de las montañas
se oculte luego debajo del mar
alumbren las estrellas la cálida noche
la tierra fértil vuelva a germinar
enjugue mis lágrimas la lluvia de octubre

seque las mismas el sol del verano

la luna llena me llene de paz

continúe felizmente el universo su ciclo.

Ojalá pueda volver a empezar

tener esperanzas de nuevo en la vida

vivir las historias que he de soñar

por un instante sentirme más viva

por un segundo dejar de extrañarte

tenerte en mis brazos de nuevo esta noche

muy cerca de mí tu voz escuchar

tu mano y mi mano recorran unidas

no se separen por nada jamás

sean tus besos los que me reconforten

tu espíritu llene mi alma fugaz

lleguen las palabras de nuevo a alcanzar

aquellos rincones de mi soledad

sea tu presencia capaz de lograr

que llegue tu esencia e inunde de paz

los pasos que un día fueron los míos

que solo fueron espejismos no más

de aquella que un día yo fui en los esteros

oasis eterno de mi soledad.

Que entre dos mundos luchaba valiente
resulta que no hubo ni mundo ni paz
desde aquel día que empezaron mis manos
a trazar palabras, mi espíritu a hablar
con frases bonitas en papeles finos
en noches de tristeza, sueños desvelados
reposó en las playas de arenas desiertas
visitó los páramos helados y solos
pudo seguir recorriendo caminos
el vuelo logró pronto remontar
sigue andando recorriendo estrellas,
soles y lunas ve día tras noche
ya pronto sus alas no serán las mismas
en un puerto lejano su cuerpo dejará
llegará hasta el cielo del que un día se fue
buscando respuestas que nunca encontró
solo hasta entonces tendrá que entender
que no vale la pena sufrir por amor,
que viva y que espere que llegará de nuevo
a su vida la felicidad.

Contando historias pasará la vida
la corriente de los ríos seguirá avanzando
mirando está dejando pasar

aquellos momentos tristes de un pasado

que poco a poco va olvidando en su memoria

pero nunca del todo de allí borrará

porque son ellos los que por ti hablan

todos representan esa oscuridad

que tarde o temprano, en aquellas noches

y días lluviosos de tu soledad

son los recuerdos que ayudan a escapar

los pensamientos que encerrados están

en tu ser de niña que recorre cielos

llegan de pronto y ahí mismo se van

quedan plasmados hablando por sí solos

expresando mucho, demasiado quizás

desnudando un alma que descubre su historia

remueve el pasado que arde de más

el fuego no puede lograr apagar

y se quema el sueño, la vida, la historia,

arden las palabras entre la madera

solo quedan cenizas, el humo se va

empujado por la brisa busca nuevos horizontes

sitios tranquilos para reposar

así se convierte en viento muy fuerte

que enfría los huesos de simples mortales

pasó por ciudades, caseríos y pueblos;

desde lo lejos llama al pensamiento
de reminiscencias nobles que no ha de olvidar.

Y despierta el sol detrás de las montañas,
se oculte luego debajo del mar
alumbren las estrellas la cálida noche
volvió la poesía de nuevo a cantar
enjuguen mis lágrimas recuerdos hermosos
y evoquen historias.

GAVIOTAS

Tres gaviotas vuelan solas

sus caminos están separados

vuelan sin rumbo fijo

cada quien por su lado

pero hay un lazo, una atadura,

una amistad

que las mantiene unidas

poco a poco van

superando diferencias

de una vida que aunque

difícil, es real de verdad.

Tres gaviotas siguen volando solas

una, más que todas

ya no comparten las mismas playas

tampoco los barcos pesqueros

poco a poco van

superando diferencias

poco a poco ya

les remueve la conciencia.

Una de estas hermosas gaviotas

en busca de un sueño, se va

ella anhela llegar algún día

las estrellas poder alcanzar

esta misma y hermosa gaviota

a una playa lejana llegó

allí solitaria y con pena

una tarde soleada… murió.

3 AÑ0S

3 años para ser feliz
3 años que no reflejan
pero en el alma pesan,
3 años para preocuparse
3 años para buscar y encontrar
 querer y poder
 pedir y obtener.

3 años el dólar cuánto costará
3 años mi cielo cuanto lloverá
3 años las flores frutos nos darán
3 años la vida cuanto cambiará.

3 años los niños van al maternal
3 años Brasil celebra el mundial
3 años 3 Dueños, no rima ¿verdad?
3 años parecen una eternidad.

3 años mil días y pico
36 meses, 1 bisiesto,
156 semanas, 3 Navidades
3 años atrás miro Trinidad
3 años adelante...
3 años son 30 con un cero más.

QUIZÁS EL TIEMPO ME PUEDA AYUDAR
A OLVIDAR

La veo pasar a través de mis ojos
soy yo espectadora de mi vida
como quien espera la luz para cruzar el semáforo,
como quien espera el autobús que lo ha de llevar.

Pero el bus nunca pasa, está retrasado o llegaste tú tarde
pasó y no pasará otro, perdiste la oportunidad
ahora debes caminar con obstáculos grandes
sólo vez ilusiones que mucho daño hacen
pensaste que eran inofensivos sueños
pero cuenta te das del poder que tienen
sobre el alma débil que no logra flotar
no puede defenderse de sus enemigos
que clavan espinas, filosas espadas
atraviesan sin piedad la frágil estructura
paredes de roca que fuerte parecen
pronto se dan cuentan que son etéreas, vulnerables.

Las murallas sienten y siguen estoicas
viendo como en pedazos
se derrumba el castillo,

el amo no sale a defender su tierra

no cuenta con las armas para luchar

contra un enemigo que no ve, pero conoce

porque han vivido juntos largas temporadas

llega de pronto sin anunciarse

así como vino, así mismo parte

vuelve de pronto buscando ocupar

aquellos espacios que fueron los suyos

cortando cabezas y quemando campos

se queda estorbando

quien sabe hasta cuando

el tiempo dirá cuando se irá.

Para que el amo sea

protagonista de su vida

aunque el trayecto sea intrincado

encuentre compañía

lo cual es difícil pero no imposible

se compenetren alma, fuego, destino.

Se empeña la providencia en jugarle sucio

veía un pequeño rayito de luz

pronto llegaría su oportunidad

por andar esperando y no llegar a actuar

una recia lluvia a sus pies cayó:
a los lejos relámpagos, truenos escuchó,
lo que presumía no tardó en llegar.
El rayo de luz se cubrió de sombras
poco a poco nubló pensamientos,
recordó las historias que se deslizan
en la línea de un tiempo detenido en un pasado
que sigue estando tan presente como antes.

No creas que todo es tan malo,
cuando observes los sucesos
desde otra perspectiva
entiendas lo que ahora resulta incomprensible;
actualmente dudo, seguiremos soñando, imaginando
pide paciencia, solo paciencia.

- Este final no agrada ¿no? Es patético poco poético
¿será que pierdes condiciones?

 - No, volvamos a intentar... ya va...
El dolor es profundo, no para de hablar
es demasiado lo que hay que decir.

- ¡Ya! hace más daño así

no se si ayude, pero ¡BASTA!

Todo esto es una locura, estas exagerando

siempre te ha gustado el drama.

No creo que sea para tanto, no entenderán.

-Bueno así es mejor, no descubren, no preguntan.

No hay explicaciones: que el lector interprete,

que piense lo que quiera.

Soy yo culpable, asumo la responsabilidad

sería muy fácil de mi parte no hacerlo.

- Hagamos el cambio, ¡apúrate!

si viene el bus hay que estar listo, subir.

Detente, no escribas más ¡detente!

- Es increíble el fluir de ideas, las palabras salen solas

que más te digo, ya esto no sirve, no se vende

no promete, no agrada, es muy íntimo,

dudo que en algunos años yo lo entienda.

- Lee, ve televisión, escucha música, diviértete,

no escribas, cada vez es más difícil detenerse ¿no

comprendes?

Calla, que hieres... detente poco a poco,

mejor escucha el silencio y despídete corto.

-Hasta pronto o adiós, no sé qué pasará, gracias a ti.

- Escucha... no hagas más daño
otras cosas deben ocupar tu mente ¡Silencio!

HOY Y SIEMPRE VINOTINTO

Gracias a la Vinotinto que nos reencontró,
nos unió, nos hizo olvidar, soñar,
perdonar, entender,
creer en una Venezuela posible.

Gracias a todos
con los que disfruté algún juego,
a las amis, a las no amis,
a los corporativos,
a los de siempre, a los ocasionales,
a ti que estás leyendo esto.

Con el corazón vinotinto en la mano,
sin lágrimas,
me hiciste creer en ti, comprar la camisa
estamos vivos, somos fútbol
se habla fútbol.

Vinimos a jugar 6 partidos
de aquí a las eliminatorias, al mundial
¡grande muchachos!
me movieron el piso.

Sufrimos con Meridiano, gozamos con "Nestea"
sólo pedimos respeto y calefacción.

A los que no creían como yo, como tantos;
pasteleros contad con la muerte
aun siendo inocentes
¡Toma papá!

No está prohibida la felicidad.

expresiones de amor...

ERES

Eres mi primer pensamiento de la mañana
mi último al dormirme,
eres este susto que siento
eres estos nervios
eres esta ansiedad.

Son tus abrazos que me tranquilizan
que me dan seguridad,
son tus besos del mirador ¡Ay chamo!
Marico no puedo con esto.

Eres esos besos en lugares insospechados
esas sensaciones nuevas, agradables, exquisitas
eres este miedo que siento
eres esta desconcentración que no me deja trabajar, leer,
nadar.

Esto que siento es maravilloso, ojalá no se acabe nunca;
pensé: yo no merezco esto, pero ¿cómo que no?
todo llega en su momento en el que más lo necesitaba,
eres mi príncipe azul de Disney aunque me digan que no,
pero en este momento sí

¡pies en tierra! pero ¿cómo? si estoy volando.

Que me buceas cuando camino delante de ti
que no me puedo creer todo esto;
eres la dulzura de las palabras
eres las sensaciones que me llenan
y me quitan por momentos el malestar,
eres la pena que siento
eres El Ávila despejado de esta mañana
eres la luna llena o ese cielo empedrado de aquella noche.

Eres el carajo que me mueve el piso
son esas caricias que me colman
esos celos sanos que demuestran tu ¿interés?
eres la falta que me haces con solo dos días sin verte;
no digas nada solo abrázame de espaldas
eres tu barba de seis días y tu cabello corto que me encanta
¿cómo me tranquilizo? respira y suelta
relaja y suelta, darte el permiso
eres tantas cosas.

Eres marte en escorpio
eres cáncer, mi ascendente
¿qué carajo hago yo hablando de astrología?

eres las ganas que te tengo
eres lo feliz que estoy
y no me lo creo,
eres un dulcero
eres el que me pregunta cómo estoy
y cómo me fue en el día
eres el que me busca
y me avisa cuando llega.

Eres mi dolor de cabeza emocional
eres mi "Doctor Love"
"With or without you" como U2
eres mi "Open English"
eres el "geek" que me encanta.

Eres "good morning honey"
"bon apetite ma chère"
"good night darling".

Eres el rostro definido de mi poesía.

Eres simplemente eres.

LAURA DE UPATA

De Upata pa' Irlanda
quedan 2 amis na' más
nos conocimos en Ciencias
más truco que disciplina
Sala de Micros, La Langosta
Amper ¿dónde estás?
Chinos y Greenwich
más rumbas que estudios,
más birras que deporte,
más cariño que otra cosa.

Hoy en los Museos
también en El León
trece personas te dicen adiós,
deseando que vuelvas con el corazón
6 meses, 24 semanas, 180 días
pasan más rápido de lo que se dicen.

Te deseo éxito
Dublín "there you go"
el inglés se aprende usando Internet
la vida no es sólo desde una "PC"

sentir que estas viva, experimentar
que se pegue la pasta,
se te queme el té,
se manchen las medias
y hables inglés.

Dublín no es Caracas
Venezuela, Irlanda no es;
la gente es distinta y Laura va bien
es el viejo imperio, es el norte también
Europa es el mundo, el sueño de ayer.
Te extrañaremos Laura, de corazón.

QUERIDO DIARIO:

Estaba indecisa sobre si escribir o no,
porque escribir agita los recuerdos,
hace daño y trae a flote cosas
que preferiría que se mantengan hundidas,
evitando que las olas se vuelvan a mover.

Remover el pasado recuerda:
como cuando te veo y veo a mi abuela
sentada en el chinchorro sacando el crucigrama
y los ojos se me hacen aguas,
o como cuando regresas
y bailamos después de tanto tiempo,
o como en cada rostro y silueta parecida
te imagino
y recuerdo aquellas noches de té
conversando inglés en el balcón,
o aquel septiembre que te fuiste para no volver pronto,
o aquellas tardes calurosas compensadas con "sorrel",
o aquella noche en la piscina donde hablé más de la cuenta.

Entonces prefiero no pensar, no recordar, no sentir
no verte más de lo estrictamente necesario,

no a solas y sobria.

Revisando el celular consigo frases incoherentes
mis verdades más profundas y sinceras,
mi alma transparente hablando a través del alcohol
usando mis dedos como pluma y el bloc de notas como
papel
las palabras fluyen solas porque no recuerdo haberlas
escrito:

te vi, quien sabe hasta cuando,
quien sabe hasta cuando te quise
enamorada viva
dormida consciente
contigo conmigo

Son tantos los motivos para escribir
ninguno me llena menos que otro,
como para no dedicarle una carta de amor completa,
porque todo en el amor se complementa
las diferentes formas te hacen sentir viva.

O todos o ninguno, frase que se quedó para no irse,
merecen mis líneas, en un solo corazón caben todos los

amores

en esta sola carta también

no está dirigida a uno solo en particular

sino a todos, porque cada pedacito de este corazón

tiene un lugar para ti.

Resignada me siento

comienzo a escribir

esta vez sin alcohol

con la misma transparencia

los mismos deseos

espero te guste.

Sinceramente,

Eriqut

DE INFOCENTRO PA' DUBLIN

Diana: amiga que conocí la primera semana
un jueves antes de la clase de práctica
de Algoritmos y Programación
en el primer semestre hace casi 12 años
se dicen fácil, demasiados días.

¿Proyectos? Sí:
uno en Excel que ella no entendía nada,
con Glemarys por cierto,
pero esta Bachiller en "Office"
supo demostrar que no nos habíamos copiado.

¿Viajes? Sí:
empezamos con Semana Santa, 2005
¡todos o ninguno! nació la frase,
después Margarita, 2007
cruzamos el charco, 2010
Europa: 26 días en avión, tren, frío,
pero con un calor humano
que se respiraba en el ambiente.

¿Trabajo? Sí:

en 2008 llegué a Infocentro
a merendar y tomar café,
como trabajar en la UCV
ese aire de familiaridad,
así se cobre un ticket por requerimiento resuelto.

Fueron 10 temporadas de "Friends",
8 de "Two and a half men",
6 de "The big bang theory"
son 548 episodios, 183 horas,
repartidas de lunes a jueves.

¿El "fiancée"? Sí:
llegó de Valencia
con su cabello largo en tercer semestre,
lo conocí en una revisión de un proyecto
en un edificio de matemática.

¿Rumbas? Sí:
chinos, chinos, chinos,
Greenwich, autopista,
Montalbán de madrugada.

Soy tocaya de su hermana,

viajamos una vez con Pancho y

los dulces de Sol alegran nuestros viernes

con azúcar, un compartir que extrañaremos.

3 veces casa de su tía en Valencia,

2 cumpleaños, un juego del Magallanes,

gente de calidad;

mi amigo Champú, mucho no lo quiero

pero igual le mando periódicos viejos.

UCV una universidad

Ciencias una facultad

Computación una escuela,

que nos permitió conocernos

un trabajo Infocentro

que hoy te dice hasta luego

para vernos quizá en el viejo mundo,

quizás cuando vuelvas,

con un vacío que dejas con tu "ip:" "84.48"

que no va a requerir más permisos en el "firewall",

no más correos de Diana en el sistema.

Falta un mes un poco más

pero salen estas líneas,

en esta tranquilidad, en esta

Tierra de Nadie que respira paz,

inspiración, sin alcohol,

a lápiz, papel sin teclado.

Es extraña la amistad, las conexiones,

¿somos diferentes? ¡claro!

algo te motivó a presentarte

con tus ojos grises

ese jueves de octubre de 2001

en la clase que no tuvimos,

para irnos en metro ese día

y no separarnos más, hasta hoy.

Son etapas que se queman

ciclos que se cierran

puertas que se abren

vidas que hay que vivirlas.

Estos últimos años

que se trabajaron al principio

al final no tanto

igual son un aprendizaje;

gracias a Dios o a quien tu creas

estuviste, estuvimos allí.

MIÉNTEME PERO NO ME DEJES DE QUERER

El relámpago, la palabra dicha
el trueno, la mentira al descubierto
el cielo se desgarra cuando me hablas
yo me desgarro al escucharte.

El viento lleva huracanes,
lluvias y tormentas trae
tú me traes tempestades,
me pides escucharte que no puedo.

Lágrimas que cortan el silencio
palabras en piedra permanecen
mentiras dices que no sientes
pero muy adentro a mi me hieren.

Te quiero, no se como decírtelo
a la vez te odio y no se como
siento rabia y celos al verte
es risa y llanto al escucharte.

Sola lloro al recordarte

sigues enviando mensajes,

yo no puedo contestarte

tus palabras daño me hacen.

El cielo se desgarra, yo pienso en ti

fluye la corriente, pregunta por ti

le digo fui una bruta, que te dejé ir

sigue preguntando, no deja vivir.

VANESSA Y EDSEL, SE CASAN LOS COSOS

Quien diría
que después de siete años de novios
aquí desde este salón, estaría
el grupo de la UCV
que conoció a la novia una tarde
de sábado de parcial jugando truco.

Al "coso" lo conocimos un tiempo después;
una vez en el estadio vestido de magallanero
lo que son las cosas, Vanessa lo cambió de equipo.

Siempre fue la alcaldesa de Computación
conocía a todo el mundo, jugó kickingbol
primera y última vez, los ENEC en Maracaibo,

En Higuerote intentamos hacer una parrilla,
no conseguimos el carbón e invadimos una piscina;
el apartamento de Macuto no conozco ni de vista.

Nos vemos en cumpleaños, despedidas y salidas
la invitación me entregaron en los chinos de Altamira.

Esta es la boda de los Sres. Hernández Torres
el reencuentro de un grupo que se niega a morir
que se mantiene unido en las buenas y en las malas
existe el contacto a pesar de las distancias
unos vinieron otros no pudieron.

Los ausentes están en la mente y en el corazón
los de la misma ciudad tan cercanos estamos
pero tan lejanos al mismo tiempo
por la tecnología unidos nos mantenemos
con tremenda emoción esta fiesta disfrutemos.

La primera boda del grupo
esperemos no sea la última;
hoy celebramos esta unión
que Dios los bendiga.

SI Y SOLO SÍ

Si yo pudiera decirte lo arrepentida
que estoy por haberte hecho sufrir,
si yo pudiera decirte lo arrepentida
que estoy por haberte hecho llorar,
si yo pudiera decirte tantas cosas...

Si yo pudiera echar el tiempo atrás
crear el mundo que soñaste,
que conmigo imaginaste.

Si yo pudiera sentir
lo que tu hoy sientes por mí,
si yo pudiera quererte como
tú me quieres a mí.

Si yo pudiera sonreír y volar,
si uno pudiera elegir a quien amar
si el corazón le permitiera a uno escapar.

Si yo pudiera cantar, la paz llevar,
correr, volar, soñar, vivir, crear,
sentir, callar, simplemente amar.

Si yo pudiera cambiar,
esta no sería hoy la realidad.

Si yo pudiera inspirar,
si yo pudiera darte gracias
por buscar en mi felicidad
y encontrar banalidad,
desprecio, mentiras
la vida da vueltas
el mundo nos encuentra.

Si yo pudiera pedirte perdón y decirte:
lo siento no fue mi intención lastimarte.

A MERRY CON CARIÑO

Desde la carretera
te escribo estas letras
en una tarjeta,
te la haré llegar

Para que hoy celebres
sin mí y con las amis
23 añitos más dulces que amargos
unos de colegio, otros universitarios

Aunque no esté presente
te tengo en mi mente
cada 10 de agosto
desde donde me encuentre

Tantos días
pocos años
dos graduaciones
muchos cumpleaños

El verdor del camino
el azul del cielo
inspiraron estas líneas
a Merry con cariño

LA VANESSA QUE RECUERDO

El primer recuerdo que tengo de Vanessa es bien entrada la
primaria
a pesar de que compartimos desde segundo nivel de
preescolar;
ella era una de las chicas populares junto con
Johana García, Luisana Rosas y Damarys Ramos
altas, hermosas destacaban del resto.

Comenzamos séptimo grado, compañeras se marcharon,
los grupos se fusionaron, quedó ella...
no me acuerdo exactamente quienes eran sus amigas en ese
entonces,
yo definitivamente no era una de sus más cercanas.

En noveno grado, compartimos en un trabajo sobre la
fuerza aérea,
papá Wolfang nos llevó hasta La Carlota en un Montecarlo
azul nos dejó en la entrada
la caminata era larga, Vanessa con su sonrisa y su carisma
le pidió la cola a un oficial vestido de blanco impecable
de regreso hizo lo mismo.

En primero diversificado, estábamos sentadas en los últimos puestos del salón,
éramos junto con otras bastante bochincheras. Una vez me quedé a dormir en su casa
seguramente estudiando para algún examen, matemática posiblemente.

Ya para segundo diversificado,
hicimos un proyecto entre Alejandra Monzón, Vanessa y yo.
Tanto tiempo estudiando juntas y ahora me pongo a pensar
que fue la única vez que compartimos las tres,
además que por antigüedad nos correspondía
a nosotras la coronación de la virgen.

Algunas veces fuimos al cine,
vimos Caracas Amor a Muerte cuando existía el cine Brodway
Los Ángeles de Charlie en el recién inaugurado Sambil.

Muchas tardes, cuando salíamos del colegio
le dábamos la vuelta a la cuadra por el Sur 23,
Paradero, Barrilito, Parque Caracas y Doral Caracas,

dejando a cada de una de las amigas en las puertas de sus
edificios,

continuábamos caminando, ella se quedaba en el metro y
yo

aunque era la primera que me tocaría quedarme,

daba todo ese vueltón con ellas

después me regresaba desde el Doral México.

Se le lanzaba a los carros para cruzar,

le preguntábamos en broma si estaba asegurada.

Por cierto se acuerdan de ¿muchacho bajando?

Las gaitas: cada diciembre ella y Nathaly Morillo

lo organizaban todo: la canción, los pasos de baile

era una dictadura, siempre las mismas decíamos,

pero ninguna de nosotras bailaba mejor que ellas.

También tengo un recuerdo fugaz de Nessa

jugando voleibol con un yeso en una pierna,

no por eso desmejoraba en su juego.

Nos graduamos al fin de bachilleres,

hicimos una fiesta en su casa hasta el amanecer.

Después de la graduación, cada una tomó su camino

nos vimos poco en relación a los 14 años que compartimos
juntas:
algún cumpleaños de ella con los pastichos que hacía
mamá Oti
algún cumpleaños de las muchachas
también rumbeamos juntas alguna vez.

Una vez nos encontramos en la playa,
hicimos una parrilla, nos bañamos en la piscina,
en plan familiar cerca de Tacarigua de la Laguna.

Siempre fue muy madura para su edad
o por lo menos para mí
fue la primera de nosotros que manejó, era muy sociable
me llevaba unos meses, a algunas amigas un año.

Cada octubre nos veíamos en el estadio de béisbol,
ella aguerrida caraquista y animadora de su equipo
yo fanática magallanera, iba frecuentemente
siempre nos saludábamos como si el tiempo no hubiera
pasado.

Dedicado a la memoria de Vanessa Alexandra Rivas Sierra
(26/07/1983 – 04/03/2012)

lugares...

3 PUENTES SOBRE EL CARONÍ

Caroní, Angosturita y Macagua;
el estadio de fútbol, queso de Upata,
parque Cachamay, El Callao, El Pao
los castillos de Guayana, las represas, las catalinas,
San Félix y el Parque La Fundación,
Manoa y sus casitas arregladitas,
Villa Colombia y sus calles igualitas.

Las primas, los primos y sus novias
las vecinas y sus novios, doña Rita;
la mata de mango, la casa de Candita,
el muro para saltar que ya no existe;
Guayana y sus atardeceres hermosos.

Estas ganas de no irme, de seguir
Guayana abajo, río arriba hasta La Línea,
hasta el Roraima, hasta el origen;
volver a ver ese cielo estrellado del rio Tek
esa luna llena.

Ese Canaima imponente con su salto Ángel detrás,
la ruta que hizo Humboldt al infinito y más allá.

El marrón Orinoco, el azul oscuro Caroní
cuando me bañé en tus aguas río padre
cuando me bañe en tus aguas Caroní,
quiero conocerte embalse Guri
ojala algún día yo pueda ir.

Bolívar, la olvidada Ciudad Bolívar, con su Paseo
La Carioca y la piedra del medio para medirte Orinoco
sin cine como dice Aymara, con su museo de Soto
y la plaza imponente donde a Manuel Piar fusilaron.

Eran otros tiempos
ahora todo miedo da,
¿Qué te hicieron Angostura?
te olvidaron sin piedad
me da temor recorrerte
tus calles deambular
bajo ese sol inclemente,
sol que anuncia tempestad.

Que caminé varias veces
en el Parque Cachamay
de Manoa a La Fundación
a pie por el bulevar

ahora todos encerrados
en la casa pronto ya
vidrios arriba, seguros abajo
a los carros dije ya
que la cosa no está buena,
hay mucha inseguridad.

Pobrecita la Guayana
tan maltratada que está
bendita sea La Llovizna
su salto monumental,
compuertas gigantes verdes,
susto dan.
¿Cuántas Macagua son?
ni me acuerdo de verdad.
tres son Las Macagua
que electricidad nos dan.

Inspiraste mi Guayana
inspiraste verso y prosa
en una sola unidad,
con la foto ya escogida,
otra vez el celular,
actuando como papel y pluma

modernos tiempos son ya.

Fluyen las palabras
como el caudal de agua de estos ríos
que no se detienen nunca:
en verano curso bajan,
en invierno curso suben;
que miden el pulso de esta tierra
rica en hierro y mineral,
abandonadas empresas básicas;
 vendrán tiempos mejores,
esta región merece eso y más.

NYC

Te miré con recelo cuando llegué
pero el Empire State me convenció
el 9-11 Memorial es "creepy".

Tantas historias que convergen acá
tantos sueños, tantas vidas
y yo soy parte de esto.

Fue holandesa, ahora es del mundo
está llena de puentes
como si cada uno fuera un camino de vida
que te llena de esperanza, de ida y de venida.

Me convenciste New York City "so far"
lograste inspirar mis letras
cosa rara porque ando modo "grumpy".

Pienso en jazz, en movimiento
¿será tanto comercio?
Brooklyn, New Jersey, Central Park
el rio Hudson, la Estatua de la Libertad.

Tantos proyectos, el sueño americano
sin ser yo fan de esas boberías
te lo venden como posible.

Ojalá tu invisible de mis sueños
estuvieras aquí conmigo,
se aprecia la compañía.

SIEMPRE UCV

Esta UCV lo que inspira son pensamientos bonitos
este reloj que ha marcado tantas horas muertas, tantas
generaciones
estas nubes de Calder que una vez más me dan la
bienvenida
en este entorno que inspira paz
te dedico estas líneas UCV
en esta tierra de nadie romanticona
donde alguna vez jugamos truco después de ir al comedor
este estadio Olímpico y este Univesitario que ayer posaron
en ese atardecer maravilloso
no hay mal que por bien no venga.

Plaza cubierta, Plaza del rectorado, tarde de rizas azules,
rumba del día del estudiante;
carrito del Clínico que llegas en 10 minutos, así haya
tráfico en la autopista,
chichero del reloj, su himno, su credo.

La DTIC del rectorado, ¿Cómo estarán los muchachos?
La tesis sobre wiki que gracias a ella recibo
en esta Aula Magna un nuevo título

ahora si me emocioné, segundo acto.

Ciudad Universitaria sus buhoneros
Los Símbolos su soledad
la Parroquia sus estacionamientos para beber
Mc Gordy's, Bellas Artes, La Llanera, El Bodegón,
las rumbas en las canchas de administración, como olvidar
sus estudiantes, sus profesores, sus empleados, su gente.

Mathias, gemel@s, Diana, Merry, Gio, Charly, Ricardo,
Yense, Manuel, Nessa, Laura, Gaby, Chuchú, Betzy.

Ciencias, hay Ciencias te debo una visita, que egoísta (ya
fui)
tus plazas, tus pasillos, tus salones
de pupitres pegados perfectos para el truco.
Mefis, tu música es ahora mi "playlist",
el poliedrito, sala de micros, kickingball, la feria.

La poesía vuelve a cantar, seguido, sentido, fluido
UCV como te quiero, Ciencias como te adoro.

Que bella te quedó, Villanueva.

ES CARACAS ES

Caracas es la UCV: tierra de nadie, el Aula Magna, el
carrito del Clínico
Caracas es el metro y el bus Caracas
Caracas es el Estadio Universitario en un Caracas -
Magallanes
Caracas es bajar los domingos para La Guaira
Caracas es El Ávila, el Parque del Este y sí, se siguen
llamando así, Los Caobos, el teleférico, Los Próceres, La
Carlota
Caracas es Greenwich, el Moulin Rouge, el León, el paseo
de los museos ,
los chinos de Altamira, una arepa en Las Mercedes de
madrugada
Caracas es el centro, la plaza Bolívar, Sabana Grande
Caracas es la autopista, los motorizados, las mototaxis
Caracas es el Poliedro, el Sambil, el Teatro Teresa
Carreño,
los libros bajo el puente de las Fuerzas Armadas
Caracas es un espectáculo de fuegos artificiales el 31 de
diciembre
Caracas es La Candelaria, es mi ciudad
Es Caracas es

Sobre la autora

Daniela Margarita Rivas Iturriza nació en Caracas,
Venezuela en marzo de 1984. Es Licenciada en
Computación egresada de la Facultad de Ciencias de la
Universidad Central de Venezuela, con una especialización
en Gerencia de Proyectos de Investigación y Desarrollo.
Desde muy temprana edad ha escrito textos inspirados en
sus vivencias personales y en lo que percibe del ambiente
donde se desenvuelve. Participó en el taller de Inspiración
dictado por Sergio Dahbar en Enero de 2012 y es ávida
lectora de poetas como Andrés Eloy Blanco, Miguel Angel
Carrión y Jose Ángel Buesa. Sus poesías están
relacionadas con experiencias amorosas, amigos,
acontecimientos y viajes que marcaron sus letras y su
carácter hoy en día.

www.ingramcontent.com/pod-product-compliance
Lightning Source LLC
Chambersburg PA
CBHW020648130626
46552CB00003B/1450